Camping-Kochbuch

Camping-Kochbuch Mit Einfachen Outdoor-Lagerfeuer-Rezepten Für Jedermann. Inklusive Dutch Oven, Gusseisen Und Anderen Methoden!

John Carter - Allan Kuhn

© Copyright 2021 – John Carter - Alle Rechte vorbehalten.

Der inhaltlich in diesem Buch enthaltene Inhalt darf ohne direkte schriftliche Genehmigung des Autors oder des Verlages nicht vervielfältigt, vervielfältigt oder übertragen werden.

Unter keinen Umständen wird dem Herausgeber oder Autor eine Schuld oder rechtliche Verantwortung für Schäden, Wiedergutmachung oder finanzielle Verluste aufgrund der in diesem Buch enthaltenen Informationen zuschieben. Entweder direkt oder indirekt.

Impressum:

Dieses Buch ist urheberrechtlich geschützt. Dieses Buch ist nur für den persönlichen Gebrauch bestimmt. Sie dürfen ohne die Zustimmung des Autors oder Herausgebers keinen Teil oder den Inhalt dieses Buches ändern, verteilen, verkaufen, verwenden, zitieren oder paraphrasieren.

Haftungsausschluss:

Bitte beachten Sie, dass die in diesem Dokument enthaltenen Informationen nur zu Bildungs- und Unterhaltungszwecken dienen. Alle Anstrengungen wurden unternommen, um genaue, aktuelle und zuverlässige, vollständige Informationen zu präsentieren. Es werden keine Garantien jeglicher Art erklärt oder impliziert. Die Leser erkennen an, dass der Autor keine rechtliche, finanzielle, medizinische oder professionelle Beratung leistet. Der Inhalt dieses Buches stammt aus verschiedenen Quellen. Bitte konsultieren Sie einen lizenzierten Fachmann, bevor Sie die in diesem Buch beschriebenen Techniken versuchen.

Durch das Lesen dieses Dokuments stimmt der Leser zu, dass der Autor unter keinen Umständen für direkte oder indirekte Verluste verantwortlich ist, die durch die Verwendung der in diesem Dokument enthaltenen Informationen entstehen, einschließlich, aber nicht beschränkt auf Fehler, Auslassungen oder Ungenauigkeiten.

Inhaltsverzeichnis

ELEKTRISCHER SMOKER **9**

   Frühstück 10
      Geräucherte Zitronen-Knoblauch-Artischocken *10*
      Einfaches, aber leckeres Fischrezept *13*
      Geräucherter Kürbisauflauf *15*
      Geräucherte gebackene Bohnen *18*
   Mittagessen 21
      Chipotle Knoblauch Garnelen *21*
      Geräucherte Forelle *23*
   Abendessen 25
      Elegante Lammkoteletts *25*
      Würzige & würzige Lammschulter *27*
      Geräucherte Lammfleischbällchen *30*
   Snacks 32
      Ancho-dusted Jícama Sticks mit Limette *32*
   Desserts 34
      Geräucherter Bananenpudding *34*
      Geräucherte Ananas *37*

BBQ **38**

   Frühstück 39
      Neue mexikanische Salsa Verde *39*
      Tzatziki Lamm Burger *42*
   Mittagessen 45
      Holz pellet Pulled Pork *45*
      Liebenswerter Schweinebauch *47*
      Holz pellet Togarashi Schweinefilet *49*
   Abendessen 51
      Geräucherter Honig - Knoblauch Schweinekoteletts *51*
      Geräucherte Schweinefleisch Burger *53*
   Snacks 55
      Einfachste gegrillter Spargel *55*
   Desserts 57
      Grünkohl Chips *57*

CAMPING **59**

   Frühstück 60
      Zitronenhähnchen in Folienpaket *60*

Asiatische Flügel	*62*
Mittagessen	64
Türkei Beine	*64*
Putenbrust	*66*
Kräuter geröstete Pute	*70*
Abendessen	73
Leicht gewürzte geräucherte Pute	*73*
Verlockende Estragon-Putenbrüste	*77*
Heiß geräucherter Truthahn mit Geleeglasur	*80*
Snacks	83
Kakao-geriebenes Steak für zwei	*83*
Desserts	85
S'mores Dip	*85*

HOLLÄNDISCH 87

Frühstück	88
Brokkoli Chips	*88*
Mac und Käsebällchen	*89*
Ahornsirup Speck	*92*
Mittagessen	93
Mit Speck umwickelte Garnelen und Jalapeño	*93*
Panierte Artischockenherzen	*95*
Abendessen	97
Einfacher Rinderfiletbraten	*97*
Einfache Rindfleisch-Patties	*99*
Gewürzter Rinderbraten	*101*
Snacks	103
Süßkartoffel Tater Tots	*103*
Desserts	105
Garnelen Speck Bisse	*105*
Gesunde Blaubeermuffins	*107*

GUSSEISEN 109

Frühstück	110
Geröstetes Wurzelgemüse	*110*
Gemüsespieße	*113*
Mittagessen	116
Geräucherte ganze Ente	*116*
Geräuchertes Wild	*118*
Abendessen	120
Gebackenes Maisbrot mit Honigbutter	*120*
Schnelle Hefe-Dinner-Brötchen	*123*
Snacks	126
Gegrillter Rosenkohl	*126*

Holzpellet Würziges Brisket *128*
DESSERTS *130*
Frittierte Garnelen *130*

Elektrischer Smoker

Frühstück

Geräucherte Zitronen-Knoblauch-Artischocken

Zubereitungszeit: 15 Minuten

Kochzeit: 20 Minuten

Portionen: 54

Zutaten:

- 4 Artischocken

- 4 gehackte Knoblauchzehen

- 3 EL. Zitronensaft

- 1/2 c. natives Olivenöl

- 2 Petersilienzweige

- Meersalz

Wegbeschreibungen:

1.Stellen Sie einen großen Topf auf Ihren Herd mit einem Metalldampfkorb im Inneren. Kochen Sie Wasser nur bis zum Boden des Korbes.

2.Schneiden Sie den Artischockenschwanz ab und nehmen Sie die härtesten Blätter heraus. Schneiden Sie die spitzen Enden von den äußersten Blättern ab.

3.Schneiden Sie die Artischocken längs in zwei Hälften. Entfernen Sie die behaarte Drossel in der Mitte. Legen Sie die Hälften, Stielseite nach unten, in den Dampfkorb. Reduzieren Sie die Hitze auf ein rollendes Köcheln.

4. Auf dem Topf abdecken und etwa 20 bis 25 Minuten dämpfen, bis das Innere der Artischocke zart ist. Bereiten Sie ein Dressing vor: Knoblauch, Zitronensaft, Olivenöl, Petersilie und Salz in einen Mörser geben.

5.Nehmen Sie den Korb weg und lassen Sie die Artischocken auf Raumtemperatur kommen. Heizen Sie Ihren Smoker auf 200 ° F vor.

6.Legen Sie die Artischocken in Aluminiumfolienpakete und bürsten Sie die Knoblauchmischung über die Artischocken.

Die Artischockenhälften innerhalb von 1 Stunde rauchen.

Heiß servieren.

Ernährung: Kalorien: 140 Kohlenhydrate: 2g Fett: 8g Eiweiß: 16g

Einfaches, aber leckeres Fischrezept

Zubereitungszeit: 45 Minuten

Kochzeit: 10 Minuten

Portionen: 4 - 6

Zutaten:

- 4 lbs. Fisch in Stücke schneiden (Portionsgröße)
- 1 Esslöffel gehackter Knoblauch
- 1/3 Tasse Olivenöl
- 1 Tasse Sojasauce
- Basilikum, gehackt
- 2 Zitronen, der Saft

Wegbeschreibungen:

1. Heizen Sie den Grill mit geschlossenem Deckel auf 350F vor.
2. Kombinieren Sie die Zutaten in einer Schüssel. Zum Kombinieren umrühren. Marinieren Sie den Fisch für 45 min.
3. Grillen Sie den Fisch, bis er 145F Innentemperatur erreicht.
4. Servieren Sie mit Ihrer Lieblingsbeilage und genießen Sie!

Ernährung: Kalorien: 153 Protein: 25g Kohlenhydrate: 1g Ballaststoffe: 0,3g Fett: 4g

Geräucherter Kürbisauflauf

Zubereitungszeit: 15 Minuten

Kochzeit: 40 Minuten

Portionen: 2

Zutaten:

- 2 1/2 lbs. gelber Kürbis
- 2 EL. Petersilienflocken
- 2 Eier, geschlagen
- 1 mittelgelbe Zwiebel
- 1 Hülsen-Saltine-Cracker
- 1 Packung Velveeta Käse
- 1/2 Tasse Alouette Sonnengetrocknete Tomate
- Basilikum-Käseaufstrich
- 1/4 Tasse Alouette Knoblauch und Kräuterkäse Aufstrich
- 1/4 Tasse Mayonnaise
- 3/4 TL scharfe Sauce
- 1/4 TL. Cajun Gewürz
- 1/2 Tasse Butter

- 1/4 TL Salz

- 1/4 TL schwarzer Pfeffer

Wegbeschreibungen:

1. Den elektrischen Smoker auf 250 F vorheizen. Kürbis und Zwiebel in einem großen Topf kombinieren und Wasser zum Abdecken hinzufügen. Bei mittlerer Hitze kochen, bis sie zart sind.

2. Abtropfen lassen und zu dieser heißen Mischung Velveeta-Käse, Alouette-Käse, Mayonnaise, Petersilienflocken, scharfe Sauce, Cajun-Gewürz, Salz und Pfeffer nach Geschmack hinzufügen. Alle gut zusammenrühren.

3. Etwas abkühlen, Eier hinzufügen und umrühren, bis sie vermischt sind. Butter in einem Topf schmelzen. Zerkleinerte Cracker in die Butter geben und gut umrühren. Kombinieren Sie 1/2 Tasse Butter-Cracker-Mischung mit der Kürbismischung. Gründlich umrühren.

4.In eine Einweg-Aluminiumfolienpfanne gießen und dann den Kürbis mit der restlichen Butter und den Crackern befüllen. Decken Sie die Pfanne fest mit Aluminiumfolie ab.

5.Auf das untere Gestell des Rauchers legen und 1 Stunde kochen. Legen Sie eine kleine Handvoll vorbereiteter Holzspäne in das Holztablett für das beste Ergebnis, verwenden Sie Hickory.

6.Nach einer Stunde die Folie aus dem Auflauf nehmen und weitere 15 Minuten kochen lassen.

Ernährung: Kalorien: 65 Kohlenhydrate: 8g Fett: 1g Protein: 5g

Geräucherte gebackene Bohnen

Zubereitungszeit: 15 Minuten

Kochzeit: 2-3 Stunden

Portionen: 6-8

Zutaten:

- 6 Scheiben Speck, breit in 1/4" Stücke geschnitten
- 1 große gelb/weiße Zwiebel, fein gehackt
- 1 rote/grüne Paprika, in kleine Bissgrößen gehackt
- 2 Knoblauchzehen, gehackt
- 3 15-Unzen-Dosen Great Northern Bohnen, abgetropft und gespült
- 1/3 Tasse vollgepackter dunkelbrauner Zucker
- 1/3 Tasse Ketchup
- 1/4 Tasse dunkle Melasse
- 2-1/2 EL Apfelessig, vorzugsweise ungefiltert
- 2 EL Worcestershire Sauce
- 1-1/2 EL Dijon-Senf
- Salz

- gemahlener schwarzer Pfeffer
- 3/4 Tasse dunkles Bier/Wasser (nicht alles auf einmal hinzugefügt)

Wegbeschreibungen:

1. In einem schweren ofenfesten Topf den Speck bei mittlerer Hitze innerhalb von 5 Minuten anbraten. Alle bis auf 2 Esslöffel des Speckfetts abtropfen lassen.

2. Zwiebel, Paprika und Knoblauch geben und innerhalb von 5 Minuten kochen lassen. Bohnen, Zucker, Ketchup, Melasse, Essig, Worcestershire-Sauce und Senf untermischen.

3. Salz plus Pfeffer nach Geschmack geben. Mischen Sie etwas Bier oder Wasser hinein und reservieren Sie den Rest für die spätere Zugabe, falls erforderlich.

4. Erwärmen Sie Ihren Raucher auf 225 ° F bei geöffneter oberer Entlüftung und geben Sie dann Wasser zur Hälfte voll in die untere Schüssel. Legen Sie Holzspäne auf die Seitenschale.

5.Stellen Sie den Topf auf ein Gestell in Ihrem Raucher, unbedeckt. Rauchen Sie innerhalb von 2 bis 3 Stunden.

6.Mischen Sie gelegentlich und geben Sie mehr Bier oder Wasser nach Bedarf, wenn die Bohnen zu stark austrocknen. Denken Sie daran, die Holzspäne und das Wasser nach Bedarf aufzufüllen, etwa alle 60 Minuten.

Ernährung: Kalorien: 150 Kohlenhydrate: 29g Fett: 1g Eiweiß: 7g

Mittagessen

Chipotle Knoblauch Garnelen

Zubereitungszeit: 1 Stunde & 15 Minuten

Kochzeit: 45 Minuten

Portionen: 6

Zutaten:

- 3 Esslöffel gehackte frische Korianderblätter
- 2 Esslöffel Olivenöl
- 2 Esslöffel Limettensaft
- 4 Knoblauchzehen (gehackt)
- 2 Teelöffel Chipotle-Chilischoten in Dosen plus 2 Teelöffel Sauce aus der Dose
- Koscheres Salz
- gemahlener schwarzer Pfeffer,
- 2 Pfund Jumbo-Garnelen (Schwänze auf, geschält, entwendet)
- Barbecuesauce, wie gewünscht, zum Dippen

Wegbeschreibungen:

1. Für die Marinade Koriander, Olivenöl, Limettensaft, Knoblauchzehen und Chipotle-Chilischoten mit Sauce mischen und mit Salz und Pfeffer in einer großen Rührschüssel abschmecken.

2.Garnelen marinieren und zum Beschichten geben. Die Schüssel abdecken und innerhalb von 30 Minuten bis 1 Stunde kühl stellen. Legen Sie Eichenholzspäne in das Holztablett des elektrischen Rauchers und heizen Sie den Raucher auf 250 ° F vor.

3.Garnelen aus der Marinade nehmen und auf den Räucherrost legen. Garnelen innerhalb von 45 Minuten räuchern. Garnelen nach Belieben sofort mit Barbecuesauce servieren und genießen!

Ernährung: Kalorien: 178 Fett: 5g Eiweiß: 28g Kohlenhydrate: 7g

Geräucherte Forelle

Zubereitungszeit: 2-8 Stunden & 20 Minuten

Kochzeit: 1 Stunde

Portionen: 6

Zutaten:

- 3 Tassen Wasser, plus mehr nach Bedarf

- 1/4 Tasse Weißzucker

- 1/4 Tasse brauner Zucker

- 1/4 Tasse Salz

- 1 Esslöffel Zitronensaft

- 2 Teelöffel Knoblauchpulver

- 2 Teelöffel Chilipulver

- 4 hautharte Forellen ohne Knochen (ca. 2 Pfund)

- 2 Esslöffel Pflanzenöl

Wegbeschreibungen:

1. Für die Sole Wasser, Zucker, Salz, Zitronensaft, Knoblauchpulver und Chilipulver in einer großen Glasbackform mischen.

2.Fügen Sie Forellen in die Auflaufform und gießen Sie mehr Wasser über Forellen, wenn nötig, um unter einzutauchen. Auflaufform abdecken und 2 bis 8 Stunden im Kühlschrank aufbewahren.

3.Legen Sie Hickory-Holzspäne in die Holzschale des elektrischen Rauchers und heizen Sie den Smoker auf 225 ° F vor. Forelle mit kaltem Wasser abspülen, trocken tupfen und mit Pflanzenöl bebürsten.

4.Legen Sie die Forellenhaut mit der Seite nach unten auf den Raucherrost und rauchen Sie, bis sie schuppig sind, etwa 1 Stunde. Forelle sofort servieren und genießen!

Ernährung: Kalorien: 287 Fett: 13g Eiweiß: 40g Kohlenhydrate: 0g

Abendessen

Elegante Lammkoteletts

Zubereitungszeit: 15 Minuten

Kochzeit: 30 Minuten

Portionen: 4

Zutaten:

- 4 Lammschulterkoteletts
- 4 C. Buttermilch
- 1 C. kaltes Wasser
- 1/4 C. koscheres Salz
- 2 EL Olivenöl
- 1 EL. Reiben im Texas-Stil

Wegbeschreibungen:

1. In einer großen Schüssel Buttermilch, Wasser und Salz hinzufügen und umrühren, bis sich das Salz aufgelöst hat.

2.Koteletts hinzufügen und mit der Mischung gleichmäßig beschichten.

3.Für mindestens 4 Stunden kühlen.

4.Nehmen Sie die Koteletts aus der Schüssel und spülen Sie sie unter kaltem fließendem Wasser ab.

5.Die Koteletts mit Olivenöl bestreicheln und dann gleichmäßig einstreuen.

6.Stellen Sie die Temperatur des Grills auf 240 Grad F ein und heizen Sie mit geschlossenem Deckel für 15 Minuten mit Holzkohle vor.

7.Die Koteletts auf dem Grill anrichten und ca. 25-30 Minuten oder bis zur gewünschten Fertigkeit kochen.

8.In der Zwischenzeit den Broiler des Ofens vorheizen. Eine Broilerpfanne einfetten.

9.Die Koteletts vom Grill nehmen und auf die vorbereitete Broilerpfanne geben.

10.Die Broilerpfanne in den Ofen geben und ca. 3-5 Minuten oder bis sie gebräunt sind, braten.

11. Die Koteletts aus dem Ofen nehmen und heiß servieren.

Ernährung: Kalorien pro Portion: 414; Kohlenhydrate: 11,7g; Eiweiß: 5,6g; Fett: 22.7g; Zucker: 11,7g; Natrium: 7000mg; Ballaststoffe: 0g

Würzige & würzige Lammschulter

Vorbereitungszeit; 30 Minuten

Kochzeit: 53/4 Stunden

Portionen: 6

Zutaten:

- 1 (5 lb.) lammbeschte Lammschulter mit Knochen, getrimmt
- 3-4 EL. Marokkanische Würmung
- 2 EL Olivenöl
- 1 C. Wasser
- 1/4 C Apfelessig

Wegbeschreibungen:

1.Stellen Sie die Temperatur des Grills auf 275 Grad F ein und heizen Sie mit geschlossenem Deckel für 15 Minuten mit Holzkohle vor.

2.Die Lammschulter gleichmäßig mit Öl beschichten und dann großzügig mit marokkanischer Würge einreiben.

3.Legen Sie die Lammschulter auf den Grill und kochen Sie etwa 45 Minuten.

4.In einer lebensmittelechten Sprühflasche Essig und Wasser vermischen.

5.Besprühen Sie die Lammschulter gleichmäßig mit Essigmischung.

6.Kochen Sie für ca. 4-5 Stunden und besprühen Sie mit Essigmischung nach alle 20 Minuten.

7.Nehmen Sie die Lammschulter vom Grill und legen Sie sie vor dem Schneiden für etwa 20 Minuten auf ein Schneidebrett.

8.Schneiden Sie mit einem scharfen Messer die Lammschulter in die gewünschten Scheiben und servieren Sie sie.

Ernährung: Kalorien pro Portion: 563; Kohlenhydrate: 3,1g; Eiweiß: 77,4g; Fett: 25,2 g; Zucker: 1,4g; Natrium: 1192mg; Ballaststoffe: 0g

Geräucherte Lammfleischbällchen

Zubereitungszeit: 30 Minuten

Kochzeit: 1 Stunde

Portionen: 20

Zutaten:

- 1 lb. Lammschulter, gemahlen

- 3 Knoblauchzehen, fein gewürfelt

- 3 EL Schalotte, gewürfelt

- 1 EL Salz

- 1 Ei

- 1/2 EL Pfeffer

- 1/2 EL Kreuzkümmel

- 1/2 EL geräucherter Paprika

- 1/4 EL paprikaflocken

- 1/4 EL Zimt

- 1/4 Tasse Panko Pankrumen

Wegbeschreibungen:

1. Stellen Sie auf 250F ein.

2.Kombinieren Sie alle Zutaten in einer kleinen Schüssel und mischen Sie sie dann gründlich mit den Händen.

3.Forme golfballgroße Fleischbällchen und lege sie in ein Backblech.

4.Legen Sie das Backblech in den Smoker und rauchen Sie, bis die Innentemperatur 160F erreicht.

5.Nehmen Sie die Fleischbällchen aus dem Smoker und servieren Sie, wenn sie heiß sind.

Ernährung : Kalorien 93, Gesamtfett 5,9g, Gesättigte Fettsäuren 2,5g, Gesamtkohlenhydrate 4,8g, Nettokohlenhydrate 4,5g Protein 5g, Zucker 0,3g, Ballaststoffe 0,3g, Natrium 174,1mg, Kalium 82,8mg

Snacks

Ancho-dusted Jícama Sticks mit Limette

Zubereitungszeit: 15 Minuten

Kochzeit: 30 Minuten

Portionen: 8

Zutaten:

- 1 2-Pfund-Jícama, beschnitten und geschält
- 2 Esslöffel Olivenöl guter Qualität
- 2 Teelöffel Ancho Chile Pulver
- Salz
- 1 Kalk, in Keile geschnitten

Wegbeschreibungen:

1. Erwärmen Sie den Gasgrill für mittelhohes Direktkochen bei 350 F. Stellen Sie sicher, dass die Roste sauber sind.

2. Schneiden Sie den Jícama in 1/2-Zoll-Scheiben und ölen Sie die Scheiben auf beiden Seiten mit dem Olivenöl. Legen Sie die Scheiben direkt über das Feuer auf Ihren Grill.

3.Kochen Sie, drehen Sie einmal, innerhalb von 7 bis 10 Minuten pro Seite. Den Jícama auf ein Schneidebrett geben und die Scheiben in 1/2 Zoll breite Stöcke schneiden.

4.Auf eine Platte geben, dann mit dem Anchopulver und Salz nach Geschmack bestreuen und gleichmäßig beschichten. Drücken Sie die Kalkkeile über sie, drehen Sie sich wieder gleichmäßig um, und servieren Sie.

Ernährung: Kalorien: 49 Fette: 0,1 g Kohlenhydrate: 12 g Proteine: 1 g

Desserts

Geräucherter Bananenpudding

Zubereitungszeit: 10 Minuten

Kochzeit: 30 Minuten

Portionen: 6

Zutaten:

- 4 Bananen

- 1/4 Tasse brauner Zucker

- 1/4 Tasse geschmolzene Butter

- Zimt streuen

- 10 Eigelb

- 1-Liter Vollmilch

- 1/2 Tasse Weißzucker

- 1 Tasse schwere Sahne

- Spritzer leichter Rum

- 1 Teelöffel reiner Vanilleextrakt

- 2 Esslöffel geschmacksneutrale Pulvergelatine

- 1 Tasse zerkleinerte Nillawaffeln (zum Servieren)

Wegbeschreibungen:

1. Lassen Sie die Schale an und schneiden Sie die Bananen in zwei Hälften. Mit den Hackschnitzeln im Behälter ihren Smoker auf 200 Grad vorheizen.

2. Wenn der Raucher fertig ist, legen Sie die Bananenhälften auf das obere Gestell. Rauchen Sie nur 30 Minuten. Vom Raucher nehmen und abstoßen.

3. Mischen Sie braunen Zucker, geschmolzene Butter und Zimt. Bananen in eine ofensichere Pfanne geben und über braune Zucker/Butter-Mischung gießen. Nur etwa 5 Minuten bis zum Karamellisieren braten.

4. In einem Mixer geräucherte Bananen mit Eigelb, Milch und weißem Zucker mischen. Wenn es glatt ist, fügen Sie 1 Tasse Sahne, Rum und Vanille hinzu und mischen Sie. Dieses Püree in einen Topf geben.

5. In der Gelatine verquirlen. Hitze auf mittelhoch, bis Pudding 135 Grad ist. Bei dieser Temperatur 5 Minuten

kochen und dann abseihen. Im Kühlschrank fest abkühlen

lassen, dann mit zerkleinerten Nilla-Waffeln darauf servieren!

Ernährung: Kalorien: 587 Protein: 15.4g Kohlenhydrate: 63.5g

Fett: 32g

Geräucherte Ananas

Zubereitungszeit: 15 Minuten

Kochzeit: 2 Stunden & 30 Minuten

Portionen: 8-10

Zutaten:

- 1 ganze geschnittene Ananas
- Großzügige Bestreuung von braunem Zucker
- Vanilleeis (zum Servieren)

Wegbeschreibungen:

1. Heizen Sie Ihren Smoker mit den Hackschnitzeln auf 250 Grad vor. Ananas in eine Folienpfanne geben. Mit braunem Zucker bestreuen. Rauchen Sie für 2 1/2 Stunden. Mit Vanilleeis servieren!

Ernährung: Kalorien: 127 Eiweiß: 1,7g Kohlenhydrate: 23,5g Fett: 3,6g

Bbq

Frühstück

Neue mexikanische Salsa Verde

Zubereitungszeit: 5 Minuten

Kochzeit: 15 Minuten

Portionen: 1 Tasse

Zutaten:

- Knoblauchzehen (die Schalen anlassen),
- aufgespießt auf einem hölzernen Zahnstocher oder einem kleinen Bambusspieß
- 1 Tasse geröstete New Mexican Green Chiles oder Anaheim Chiles in 1/4-Zoll-Streifen geschnitten (8 bis 10 Chilis)
- 2 Esslöffel gehackter frischer Koriander
- 2 Teelöffel frischer Limettensaft oder mehr zu
- Geschmack

- 1/2 Teelöffel gemahlener Kreuzkümmel
- 1/2 Teelöffel getrockneter Oregano
- Grobsalz (koscher oder Meer) und frisch
- gemahlener schwarzer Pfeffer

Wegbeschreibungen:

1. Die Grillplatte auf hoch vorheizen. Wenn Sie bereit zum Kochen sind, ölen Sie die Grillplatte leicht ein. Legen Sie die Burger auf die heiße Grillplatte. Die Burger werden nach dem Kochen 4 bis 6 Minuten fertig sein. Legen Sie die Knoblauchzehen, bis sie leicht gebräunt und zart sind, 2 bis 3 Minuten pro Seite (insgesamt 4 bis 6 Minuten). Kratzen Sie wirklich verbrannte Haut vom Knoblauch. Knoblauch, Chilistreifen, Koriander, Limettensaft, Kreuzkümmel, Oregano und 4 Esslöffel Wasser in einen Mixer geben und glatt pürieren, die Seiten des Mixers mit einem Spatel abkratzen.

2. Die Salsa in einen Topf geben und bei mittlerer Hitze leicht köcheln lassen. 5 bis 8 Minuten unter Rühren mit einem

Holzlöffel dick und würzig köcheln lassen. Die Salsa sollte dick sein (ungefähr die Konsistenz von schwerer Sahne), aber gießbar; fügen Sie nach Bedarf mehr Wasser hinzu.

Geschmack zum Würzen, hinzufügen Sie mehr Limettensaft nach Bedarf und Salz und Pfeffer nach Geschmack; die Salsa sollte sehr gewürzt sein.

Ernährung: Kalorien: 214; Fett: 16g; Eiweiß: 36g; Faser: 2g

Tzatziki Lamm Burger

Zubereitungszeit: 5 Minuten

Kochzeit: 12 Minuten

Portionen: 5

Zutaten:

- 11/2 Pfund knochenlose Lammschulter oder -bein oder gemahlenes Lamm von guter Qualität
- 1 Esslöffel gehackter frischer Oregano
- 1 Teelöffel Salz
- 1 Teelöffel schwarzer Pfeffer
- 1 Esslöffel gehackter Knoblauch
- 1/2 Tasse griechischer Joghurt
- 1 Esslöffel Olivenöl plus mehr zum Bürsten
- 1 Esslöffel Rotweinessig
- 2 Esslöffel zerbröckelter Feta-Käse
- 4 oder 5 Ciabatta-Brötchen, Split oder 8–10 Slider-Brötchen (wie Kartoffel- oder Dinnerbrötchen)
- Dünn geschnittene Gurken zum Servieren

Wegbeschreibungen:

1. Lamm, Oregano, Salz, Pfeffer und Knoblauch in eine Küchenmaschine geben und grob mahlen - feiner als gehackt, aber nicht viel. (Wenn Sie vorgemahlenes Fleisch verwenden, geben Sie es in eine Schüssel mit den Gewürzen und arbeiten Sie sie sanft mit Ihren Händen zusammen.) Nehmen Sie ein wenig von der Mischung und braten Sie es nach Geschmack zum Würzen; bei Bedarf anpassen. Behandeln Sie das Fleisch so wenig wie möglich, um eine Kompression zu vermeiden, formen Sie die Mischung leicht in 4 oder 5 Burger oder 8 bis 10 Schieberegler. Kühlen Sie die Burger, bis Sie bereit sind zu grillen; Wenn Sie sie mehrere Stunden im Voraus machen, decken Sie sie mit Plastikfolie ab.

2.Joghurt, Öl und Essig in einer kleinen Schüssel verquirlen, bis sie glatt sind. Den Feta unterrühren. Abschmecken und mit Salz und Pfeffer würzen und anpassen.

3.Bringen Sie die Grillplatte auf hohe Hitze. Wenn die Grillplatte heiß ist, legen Sie die Burger und kochen Sie für 11 Minuten.

4.Die Burger auf einen Teller geben. Die geschnittenen Seiten der Brötchen leicht mit Öl wischen und direkt über die Grillplatte rösten, 1 bis 2 Minuten. Mit einem Burger, dann mehrere Gurkenscheiben, einen Klecks der Sauce und die andere Hälfte der Rolle belegen. Mit der restlichen Sauce auf der Seite servieren.

Ernährung: Kalorien: 134; Fett: 21g; Eiweiß: 36g; Faser: 2g

Mittagessen

Holz pellet Pulled Pork

Zubereitungszeit: 15 Minuten

Kochzeit: 12 Stunden

Portionen: 12

Zutaten:

- 8 lb. Schweineschulterbraten, mit Knochen
- BBQ reiben
- 3 Tassen Apfelwein, trocken hart

Wegbeschreibungen:

1. Feuern Sie den Holzpelletgrill an und stellen Sie ihn auf Rauch.

2. In der Zwischenzeit das Schweinefleisch mit BBQ-Reibe auf allen Seiten einreiben und dann auf die Grillroste legen. Kochen Sie für 5 Stunden und drehen Sie es alle 1 Stunde.

3. Erhöhen Sie die Hitze auf 225 ° F und kochen Sie 3 Stunden direkt auf dem Rost weiter.

4.Das Schweinefleisch in eine Folienpfanne geben und den Apfelwein auf den Boden der Pfanne legen.

5.Kochen Sie, bis die Innentemperatur 200 ° F erreicht, und entfernen Sie es dann vom Grill. Wickeln Sie das Schweinefleisch locker mit Folie ein und lassen Sie es dann 1 Stunde ruhen.

6.Entfernen Sie die Fettschicht und verwenden Sie Gabeln, um sie zu zerkleinern.

7.Servieren und genießen.

Ernährung: Kalorien 912 Gesamtfett 65g gesättigte Fettsäuren 24g Gesamtkohlenhydrate 7g Nettokohlenhydrate 7g Protein 70g Zucker 6g Ballaststoffe 0g Natrium: 208mg

Liebenswerter Schweinebauch

Zubereitungszeit: 15 Minuten

Kochzeit: 4 Stunden und 30 Minuten

Portionen: 4

Zutaten:

- 5 Pfund Schweinebauch

- 1 Tasse trocken reiben

- Drei Esslöffel Olivenöl

Für Sauce

- Zwei Esslöffel Honig

- Drei Esslöffel Butter

- 1 Tasse BBQ Sauce

Wegbeschreibungen:

1. Nehmen Sie Ihre Auffangwanne und fügen Sie Wasser hinzu. Abdeckung mit Aluminiumfolie.

2. Erhitzen Sie Ihren Raucher auf 250 Grad F

3. Schweinefleischwürfel hinzufügen, trocken einreiben, Olivenöl in eine Schüssel geben und gut mischen

4. Verwenden Sie die Wasserfüllwasserpfanne auf halbem Weg und legen Sie sie über die Auffangwanne.

5. Geben Sie Holzspäne in die Seitenschale

6. Übertragen Sie Schweinefleischwürfel auf Ihren Raucher und rauchen Sie für 3 Stunden (abgedeckt)

7. Schweinefleischwürfel aus dem Smoker nehmen und in die Folienpfanne geben, Honig, Butter, BBQ-Sauce hinzufügen und umrühren

8. Decken Sie die Pfanne mit Folie ab und gehen Sie zurück zu einem Raucher, rauchen Sie für 90 Minuten mehr

9. Folie entfernen und 15 Minuten mehr räuchern, bis die Sauce dicker wird

10. Servieren und genießen!

Ernährung: Kalorien: 1164 Fett: 68g Kohlenhydrate: 12g Eiweiß: 104g

Holz pellet Togarashi Schweinefilet

Zubereitungszeit: 5 Minuten

Kochzeit: 25 Minuten

Portionen: 6

Zutaten:

- 1 Schweinefilet

- 1/2 EL koscheres Salz

- 1/4 Tasse Togarashi Gewürz

Wegbeschreibungen:

1. Schneiden Sie überschüssige Silberhaut vom Schweinefleisch und bestreuen Sie sie mit Salz nach Geschmack. Großzügig mit dem Togarashi-Gewürz einreiben

2. Stellen Sie es für 25 Minuten in einen vorgeheizten Ofen bei 400 ° F oder bis die Innentemperatur 145 ° F erreicht.

3. Vom Grill nehmen und 10 Minuten ruhen lassen, bevor Sie schneiden und servieren.

4. Viel Spaß.

Ernährung: Kalorien 390 Gesamtfett 13g gesättigte Fettsäuren 6g Gesamtkohlenhydrate 4g Netto kohlenhydrate 1g Protein 33g Zucker 0g

Ballaststoffe 3g Natrium: 66mg

Abendessen

Geräucherter Honig - Knoblauch Schweinekoteletts

Zubereitungszeit: 15 Minuten

Kochzeit: 1 Stunde

Portionen: 4

Zutaten:

- 1/4 Tasse Zitronensaft frisch gepresst

- 1/4 Tasse Honig (vorzugsweise ein dunklerer Honig)

- 3 Knoblauchzehen, gehackt

- 2 EL Sojasauce (oder Tamarisauce)

- Salz und Pfeffer nach Geschmack

- 24 Unzen mittig geschnittene Schweinekoteletts ohne Knochen

Wegbeschreibungen:

1. Honig, Zitronensaft, Sojasauce, Knoblauch und das Salz und den Pfeffer in einer Schüssel kombinieren.

2.Schweinefleisch in einen Behälter geben und Marinade über Schweinefleisch gießen.

3.Abdecken und über Nacht in einem Kühlschrank marinieren.

4.In zwischenzeitlich in einem kleinen Topf verbleibende Marinade bei mittlerer Hitze zum Kochen bringen.

5.Schweinekoteletts auf einen Servierteller geben, mit der Marinade gießen und heiß servieren.

Ernährung: Kalorien: 301.5 Kohlenhydrate: 17g Fett: 6.5g Ballaststoffe: 0.2g Protein: 41g

Geräucherte Schweinefleisch Burger

Zubereitungszeit: 30 Minuten

Kochzeit: 1 Stunde 15 Minuten

Portionen: 4

Zutaten:

- 2 lbs. gemahlenes Schweinefleisch

- 1/2 Zwiebel fein gehackt

- 2 EL frischer Salbei, gehackt

- 1 TL Knoblauchpulver

- 1 TL Cayennepfeffer

- Salz und Pfeffer nach Geschmack

Wegbeschreibungen:

1. Starten Sie den Pelletgrill (empfohlenes Hickory-Pellet) auf SMOKE mit offenem Deckel, bis das Feuer hergestellt ist. Stellen Sie die Temperatur auf 225 Grad F ein und heizen Sie den Deckel geschlossen für 10 bis 15 Minuten vor.

2. In einer Schüssel schweinefleischerd mit allen restlichen Zutaten kombinieren.

3.Verwenden Sie Ihre Hände, um gründlich zu mischen.

Mischung zu 8 gleichmäßigen Burgern formen.

4.Legen Sie die Hamburger auf die Regale.

5.Rauchen Sie die Burger für 60 bis 90 Minuten, bis sie eine Innentemperatur von 150 bis 160 ° F erreichen.

6.Heiß servieren.

Ernährung: Kalorien: 588.7 Kohlenhydrate: 1g Fett: 48.2g Ballaststoffe: 0.5g Protein: 38.4g

Snacks

Einfachste gegrillter Spargel

Zubereitungszeit: 0 Minuten

Kochzeit: 25 Minuten

Portionen: 4

Zutaten:

• 1 1/2-2 Pfund Spargel

• 1–2 Esslöffel Olivenöl oder geschmolzene Butter von guter Qualität

• Salz

Wegbeschreibungen:

1. Starten Sie die Kohlen oder erhitzen Sie einen Gasgrill für direktes heißes Kochen. Stellen Sie sicher, dass die Roste sauber sind.

2. Schneiden Sie die harten Böden vom Spargel ab. Wenn sie dick sind, schneiden Sie die Enden mit einem Gemüseschäler ab. Mit dem Öl bestreuen und mit Salz bestreuen.

3.Legen Sie den Spargel direkt über das Feuer, senkrecht zu den Rosten, auf den Grill, damit er nicht durchfällt. Schließen Sie den Deckel und kochen Sie einmal drehen, bis der dicke Teil der Stiele kaum noch mit einem Spieß oder einem dünnen Messer durchbohrt werden kann, insgesamt 5 bis 10 Minuten. Auf eine Platte geben und servieren.

Ernährung: Kalorien: 225 Fette: 20,6 g Cholesterin: 0 mg Kohlenhydrate: 9,1 g Ballaststoffe: 4,2 g Zucker: 0 g Proteine: 4,6 g

Desserts

Grünkohl Chips

Zubereitungszeit: 30 Minuten

Kochzeit: 20 Minuten

Portionen: 4

Zutaten:

- 4 Tassen Grünkohlblätter

- Olivenöl

- Salz nach Geschmack

Wegbeschreibungen:

1. Grünkohl mit Öl beträufeln und mit Salz bestreuen.

2. Stellen Sie den Traeger Holzpelletgrill auf 250 Grad F.

3. 15 Minuten vorheizen, während der Deckel geschlossen ist.

4. Die Grünkohlblätter in eine Backform geben.

5. Stellen Sie die Pfanne auf den Grill.

6. Den Grünkohl 20 Minuten oder knusprig kochen.

Ernährung: Kalorien 118 Gesamtfett 7,6g

Gesamtkohlenhydrate 10,8g Protein 5,4g, Zucker 3,7g

Ballaststoffe 2,5g, Natrium 3500mg Kalium 536mg

Camping

Frühstück

Zitronenhähnchen in Folienpaket

Zubereitungszeit: 5 Minuten

Kochzeit: 25 Minuten

Portionen: 4

Zutaten:

- 4 Hähnchenfilets

- 3 Esslöffel geschmolzene Butter

- 1 Knoblauch, gehackt

- 1-1/2 Teelöffel getrocknetes italienisches Gewürz

- Salz und Pfeffer nach Geschmack

- 1 Zitrone, in Scheiben geschnitten

Wegbeschreibungen:

1. Schalten Sie Ihren Holzpelletgrill ein.

2. Halten Sie den Deckel während des Brennens für 5 Minuten offen.

3.Vorwärmen Sie es auf 450 Grad F.

4.Fügen Sie das Hühnerfilet auf Folienblätter hinzu.

5.In einer Schüssel Butter, Knoblauch, Gewürz, Salz und Pfeffer vermischen.

6.Bürsten Sie das Huhn mit dieser Mischung.

7.Legen Sie die Zitronenscheiben darauf.

8.Wickeln Sie das Huhn mit der Folie ein.

9.Grillen Sie jede Seite für 7 bis 10 Minuten pro Seite.

Ernährung: Kalorien 935 Gesamtfett 53g Gesättigte Fettsäuren 15g Protein 107g Natrium 320mg

Asiatische Flügel

Zubereitungszeit: 30 Minuten

Kochzeit: 3 Stunden

Portionen: 6

Zutaten:

- 1 Teelöffel Honig

- 1 Teelöffel Sojasauce

- 2 Teelöffel Reisessig

- 1/2 Tasse Hoisinsauce

- 2 Teelöffel Sesamöl

- 1 Teelöffel Ingwer, gehackt

- 1 Teelöffel Knoblauch, gehackt

- 1 Teelöffel grüne Zwiebel, gehackt

- 1 Tasse heißes Wasser

- 2 lb. Chicken Wings

Wegbeschreibungen:

1. Kombinieren Sie alle Saucenfixierungen in einer großen Schüssel. Gut mischen.

2. 1/3 der Sauce in eine andere Schüssel geben und kühlen.

3. Fügen Sie die Chicken Wings zur restlichen Sauce hinzu.

4. Abdecken und für 2 Stunden kühlen.

5. Schalten Sie Ihren Holzpelletgrill ein.

6. Stellen Sie es auf 300 Grad F.

7. Fügen Sie die Flügel zu einem Grillkorb hinzu.

8. Kochen Sie für 1 Stunde.

9. Die reservierte Sauce in einer Pfanne erhitzen.

10. Zum Kochen bringen und dann 10 Minuten köcheln lassen.

11. Das Huhn mit der restlichen Sauce bürsten.

12. Grillen Sie weitere 10 Minuten.

13. Lassen Sie sich vor dem Servieren 5 Minuten ruhen.

Ernährung: Kalorien 935 Gesamtfett 53g Gesättigte Fettsäuren 15g Protein 107g Natrium 320mg

Mittagessen

Türkei Beine

Zubereitungszeit: 10 Minuten

Kochzeit: 5 Stunden

Portionen: 4

Zutaten:

- 4 Putenbeine

- Für die Sole:

- 1/2 Tasse Pökelsalz

- 1 Esslöffel ganze schwarze Pfefferkörner

- 1 Tasse BBQ reiben

- 1/2 Tasse brauner Zucker

- 2 Lorbeerblätter

- 2 Teelöffel flüssiger Rauch

- 16 Tassen warmes Wasser

- 4 Tassen Eis

- 8 Tassen kaltes Wasser

Wegbeschreibungen:

1. Bereiten Sie die Sole vor und nehmen Sie dafür einen großen Stockpot, legen Sie ihn bei hoher Hitze, gießen Sie warmes Wasser hinein, fügen Sie Pfefferkorn, Lorbeerblätter und flüssigen Rauch hinzu, rühren Sie Salz, Zucker und BBQ ein und bringen Sie es zum Kochen.

2. Topf vom Herd nehmen, auf Raumtemperatur bringen, dann kaltes Wasser eingießen, Eiswürfel hinzufügen und die Sole im Kühlschrank kühlen lassen.

3. Dann Putenbeine hinzufügen, sie vollständig untertauchen und 24 Stunden im Kühlschrank einweichen lassen.

4. Nach 24 Stunden Putenbeine aus der Sole entfernen, gut abspülen und mit Papiertüchern trocken tupfen.

5. Wenn Sie bereit zum Kochen sind, schalten Sie den Grill ein, füllen Sie den Grilltrichter mit Hickory-Holzpellets, schalten Sie den Grill mit dem Bedienfeld ein, wählen Sie "Rauch" auf dem Temperaturregler oder stellen Sie die Temperatur auf 250

Grad F ein und lassen Sie ihn mindestens 15 Minuten vorheizen.

6.Wenn der Grill vorgeheizt ist, öffnen Sie den Deckel, legen Sie Truthahnbeine auf den Grillrost, schließen Sie den Grill und rauchen Sie für 5 Stunden, bis schön gebräunt ist und die Innentemperatur 165 Grad F erreicht.

Ernährung: Kalorien: 416 Fett: 13,3 g Kohlenhydrate: 0 g Eiweiß: 69,8 g

Putenbrust

Zubereitungszeit: 12 Stunden

Kochzeit: 8 Stunden

Portionen: 6

Zutaten:

Für die Sole:

- 2 Pfund Putenbrust, entbebont

- 2 Esslöffel gemahlener schwarzer Pfeffer

- 1/4 Tasse Salz

- 1 Tasse brauner Zucker
- 4 Tassen kaltes Wasser

Für den BBQ Rub:

- 2 Esslöffel getrocknete Zwiebeln
- 2 Esslöffel Knoblauchpulver
- 1/4 Tasse Paprika
- 2 Esslöffel gemahlener schwarzer Pfeffer
- 1 Esslöffel Salz
- 2 Esslöffel brauner Zucker
- 2 Esslöffel rotes Chilipulver
- 1 Esslöffel Cayennepfeffer
- 2 Esslöffel Zucker
- 2 Esslöffel gemahlener Kreuzkümmel

Wegbeschreibungen:

1. Bereiten Sie die Sole vor und nehmen Sie dafür eine große Schüssel, fügen Sie Salz, schwarzen Pfeffer und Zucker hinzu, gießen Sie Wasser ein und rühren Sie um, bis sich der Zucker aufgelöst hat.

2.Legen Sie die Putenbrust hinein, tauchen Sie sie vollständig ein und lassen Sie sie mindestens 12 Stunden im Kühlschrank einweichen.

3.In der Zwischenzeit bereiten Sie die BBQ-Einreibung vor und nehmen Sie dafür eine kleine Schüssel, legen Sie alle Zutaten hinein und rühren Sie dann um, bis sie kombiniert sind, beiseite stellen, bis sie benötigt werden.

4.Dann Putenbrust aus der Sole entfernen und gut mit dem vorbereiteten BBQ reiben.

5.Wenn Sie bereit zum Kochen sind, schalten Sie den Grill ein, füllen Sie den Grilltrichter mit Holzpellets mit Apfelgeschmack, schalten Sie den Grill mit dem Bedienfeld ein, wählen Sie "Rauch" auf dem Temperaturregler oder stellen Sie die Temperatur auf 180 Grad F ein und lassen Sie ihn mindestens 15 Minuten vorheizen.

6.Wenn der Grill vorgeheizt ist, öffnen Sie den Deckel, legen Sie die Putenbrust auf den Grillrost, schließen Sie den Grill, ändern Sie die Rauchtemperatur auf 225 Grad F und rauchen

Sie für 8 Stunden, bis die Innentemperatur 160 Grad F erreicht.

7.Wenn Sie fertig sind, den Truthahn auf ein Schneidebrett geben, 10 Minuten ruhen lassen, dann in Scheiben schneiden und servieren.

Ernährung: Kalorien: 250 Fett: 5 g Kohlenhydrate: 31 g Eiweiß: 18 g

Kräuter geröstete Pute

Zubereitungszeit: 15 Minuten

Kochzeit: 3 Stunden 30 Minuten

Portionen: 12

Zutaten:

- 14 Pfund Truthahn, gereinigt
- 2 Esslöffel gehackte gemischte Kräuter
- Schweinefleisch und Geflügel nach Bedarf reiben
- 1/4 Teelöffel gemahlener schwarzer Pfeffer
- 3 Esslöffel Butter, ungesalzen, geschmolzen
- 8 Esslöffel Butter, ungesalzen, weich
- 2 Tassen Hühnerbrühe

Wegbeschreibungen:

1. Reinigen Sie den Truthahn, indem Sie die Giblets entfernen, waschen Sie ihn von innen nach außen, tupfen Sie ihn mit Papiertüchern trocken, legen Sie ihn dann auf eine Bratpfanne und stecken Sie die Putenflügel durch Ermüden mit Metzgerschnur.

2.Schalten Sie den Grill ein, füllen Sie den Grilltrichter mit Hickory-Holzpellets, schalten Sie den Grill über das Bedienfeld ein, wählen Sie "Rauch" auf dem Temperaturregler oder stellen Sie die Temperatur auf 325 Grad F ein und lassen Sie ihn mindestens 15 Minuten vorheizen.

3.In der Zwischenzeit Kräuterbutter vorbereitet und dafür eine kleine Schüssel nehmen, die weiche Butter hinein geben, schwarzen Pfeffer und gemischte Kräuter hinzufügen und flauschig schlagen.

4.Legen Sie einen Teil der vorbereiteten Kräuterbutter mit einem Griff eines Holzlöffels unter die Haut des Truthahns und massieren Sie die Haut ein, um die Butter gleichmäßig zu verteilen.

5.Dann reiben Sie die Außenseite des Truthahns mit geschmolzener Butter, würzen Sie mit Schweinefleisch und Geflügel und gießen Sie die Brühe in die Bratpfanne.

6.Wenn der Grill vorgeheizt ist, öffnen Sie den Deckel, stellen Sie die Bratpfanne mit Truthahn auf den Grillrost, schließen

Sie den Grill und rauchen Sie für 3 Stunden und 30 Minuten, bis die Innentemperatur 165 Grad F erreicht und die Oberseite goldbraun geworden ist.

7.Wenn Sie fertig sind, den Truthahn auf ein Schneidebrett geben, 30 Minuten ruhen lassen, dann in Scheiben schneiden und servieren.

Ernährung: Kalorien: 154,6 Fett: 3,1 g Kohlenhydrate: 8,4 g Eiweiß: 28,8 g

Abendessen

Leicht gewürzte geräucherte Pute

Zubereitungszeit: 30 Minuten

Kochzeit: 6 Stunden

Portionen: 10

Zutaten:

- Ganze Türkei - 1 (10 lbs., 4,5 kg)

- Pflanzenöl – 1/4 Tasse

- Die Injektion

- Bier – 3/4 Tasse, bei Raumtemperatur

- Butter – 1/2 Tasse, geschmolzen

- Knoblauch – 6 Nelken

- Worcestershire Sauce – 2 1/2 Esslöffel

- Kreolisches Gewürz – 1 1/2 Esslöffel

- Scharfe Sauce – 1 1/2 Esslöffel

- Salz – 1 1/2 Esslöffel

- Cayennepfeffer – 1/2 Teelöffel

- Die Reibung

- Paprika – 1 1/2 Teelöffel

- Knoblauchpulver – 1 Teelöffel

- Zwiebelpulver – 1 Teelöffel

- Thymian – 3/4 Teelöffel

- Oregano – 1/4 Teelöffel

- Kreuzkümmel – 1/4 Teelöffel

- Salz – 1/2 Teelöffel

- Schwarzer Pfeffer – 1 Teelöffel

- Das Feuer

- Den Raucher eine Stunde vor dem Rauchen vorheizen.

- Verwenden Sie Holzkohle und Hickory-Hackschnitzel zum Räuchern.

Wegbeschreibungen:

1. Erhitzen Sie einen Raucher auf 225 ° F (107 ° C) mit Holzkohle und Hickory-Holzspänen. Warten Sie, bis der Raucher fertig ist.

2. Knoblauch, Worcestershire-Sauce, kreolische Gewürze, scharfe Sauce, Salz und Cayennepfeffer in einen Mixer geben.

3. Bier und geschmolzene Butter in den Mixer geben und dann glatt mischen.

4. Injizieren Sie alle Seiten des Truthahns - geben Sie Platz etwa 1 Zoll. Beiseite.

5. Danach machen Sie die Reibung, indem Sie Paprika mit Knoblauchpulver, Zwiebelpulver, Thymian, Oregano, Kreuzkümmel, Salz und schwarzem Pfeffer kombinieren. Gut mischen.

6. Reiben Sie den Truthahn mit der Gewürzmischung und bürsten Sie ihn dann leicht mit Pflanzenöl.

7. Wenn der Raucher fertig ist, legen Sie den gewürzten Truthahn in den Raucher.

8. Rauchen Sie den Truthahn für 6 Stunden oder bis die Innentemperatur 160 ° F (71 ° C) erreicht hat.

9. Entfernen Sie den Truthahn vom Raucher und lassen Sie ihn einige Minuten einwirken.

10. Den geräucherten Truthahn schnitzen und dann servieren.

11. Viel Spaß!

Ernährung: Kohlenhydrate: 27 g Eiweiß: 19 g Natrium: 65 mg

Cholesterin: 49 mg

Verlockende Estragon-Putenbrüste

Zubereitungszeit: 20 Minuten (Marinierungszeit: Über Nacht)

Kochzeit: 3 1/2 bis 4 Stunden

Portionen: 4 bis 5

Zutaten:

- Für die Marinade

- 3/4 Tasse schwere (Schlag-)Sahne

- 1/4 Tasse Dijon Senf

- 1/4 Tasse trockener Weißwein

- 2 Esslöffel Olivenöl

- 1/2 Tasse gehackte Frühlingszwiebeln, sowohl weiße als auch grüne Teile, geteilt

- 3 Esslöffel frischer Estragon, fein gehackt

- 6 Knoblauchzehen, grob gehackt

- 1 Teelöffel Salz

- 1 Teelöffel frisch gemahlener schwarzer Pfeffer

- Für den Truthahn:

- (6- bis 7-Pfund) Knochenbrust in Puten

- 1/4 Tasse (1/2 Stick) ungesalzene Butter, geschmolzen

Wegbeschreibungen:

1. To machen die Marinade

2. In einer großen Schüssel sahne, Senf, Wein und Olivenöl verquirlen, bis sie vermischt sind.

3. 1/4 Tasse Frühlingszwiebeln und estragon, Knoblauch, Salz und Pfeffer unterrühren.

4. Reiben Sie die Marinade über die gesamte Putenbrust und unter die Haut. Abdecken und über Nacht kühlen.

5. To machen den Truthahn

6. Nach dem spezifischen Startverfahren des Herstellers den Smoker auf 250 ° F vorheizen und Apfel- oder Mesquite-Holz hinzufügen.

7. Nehmen Sie den Truthahn aus dem Kühlschrank und legen Sie ihn direkt auf das Rauchergestell. Spülen Sie es nicht aus.

8. Rauchen Sie den Truthahn für 3 1/2 bis 4 Stunden (ca. 30 Minuten pro Pfund) und basteln Sie ihn während des

Rauchens zweimal mit der Butter, bis die Haut gebräunt ist und die Innentemperatur 165 ° F registriert.

9. Nehmen Sie den Truthahn vom Herd und lassen Sie ihn 10 Minuten ruhen.

10. Vor dem Servieren mit den restlichen Frühlingszwiebeln bestreuen.

Ernährung: Kalorien: 165 cal Fett: 14g Kohlenhydrate: 0,5g Ballaststoffe: 0 g Eiweiß: 15,2g

Heiß geräucherter Truthahn mit Geleeglasur

Zubereitungszeit: 30 Minuten

Kochzeit: 6 Stunden

Portionen: 1

Zutaten:

- Ganze Türkei - 1 (10 lbs., 4,5 kg)

- Die Reibung

- Olivenöl – 1/2 Tasse

- Salz – 3 Esslöffel

- Pfeffer – 2 Esslöffel

- Die Glasur

- Peperoni-Gelee – 3/4 Tasse

- Reisessig – 3 Esslöffel

- Rote Paprikaflocken – 1/4 Tasse

- Das Feuer

- Den Raucher eine Stunde vor dem Rauchen vorheizen.

- Verwenden Sie Holzkohle und Hickory-Hackschnitzel zum Räuchern.

Wegbeschreibungen:

1. Erhitzen Sie einen Raucher auf 225 ° F (107 ° C) mit Holzkohle und Hickory-Holzspänen. Warten Sie, bis der Raucher fertig ist.

2. Schneiden Sie das überschüssige Fett des Truthahns und bürsten Sie dann alle Seiten des Truthahns mit Olivenöl,

3. Streuen Sie Salz und Pfeffer über den Truthahn und legen Sie ihn dann in den Raucher.

4. Rauchen Sie den Truthahn für 6 Stunden oder bis die Innentemperatur 160 ° F (71 ° C) erreicht hat.

5. In der Zwischenzeit scharfes Pfeffergelee mit Reisessig und roten Paprikaflocken kombinieren und dann gut mischen.

6. Nach 6 Stunden den geräucherten Truthahn mit der Peperoni-Geleemischung bürsten und dann zum Smoker zurückkehren.

7. Etwa 20 Minuten rauchen und dann vom Raucher entfernen.

8. Lassen Sie den geräucherten Truthahn einige Minuten warm und schneiden Sie ihn dann in Scheiben.

9.Auf einer Servierschale anrichten und dann servieren.

10.Viel Spaß!

Ernährung: Kohlenhydrate: 27 g Eiweiß: 19 g Natrium: 65 mg

Cholesterin: 49 mg

Snacks

Kakao-geriebenes Steak für zwei

Zubereitungszeit: 50 Minuten

Kochzeit: 50 Stunden

Portionen: 4

Rauchtemperatur: 135Farenheit

Bevorzugtes Holzpellet: Aprikose oder Erle

Zutaten:

• 2 ganze Rib-Eye-Röstungen, beschnitten

• 1 Tasse Trigger Kaffee reiben

• 1/4 Tasse Kakaopulver

Wegbeschreibungen:

1. Schneiden Sie den Braten in 21/2 Zoll dicke Steaks. 2 Steaks beiseite stellen und für den späteren Gebrauch einfrieren.

2. Mischen Sie die Trigger Coffee Reibe und Kakaopulver in einer Schüssel. Die Steaks mit der Reibmischung leicht

würzen. Reservieren Sie die verbleibende Reibmischung für die spätere Verwendung.

3.Stellen Sie den Auslöser ein und heizen Sie ihn vor, den Deckel für 15 Minuten geschlossen.

4.Die Steaks mit Trigger Beef Rub würzen.

5.Die Steaks direkt auf dem Grill anrichten und 60 Minuten räuchern.

6.Nehmen Sie die Steaks vom Grill und legen Sie sie zur Ruhe.

7.Nehmen Sie die Steaks heraus und kühlen Sie sie vor dem Servieren 5 Minuten ab.

Ernährung: Kalorien: 764 Fett: 55g Kohlenhydrate: 2g Eiweiß: 63g

Desserts

S'mores Dip

Zubereitungszeit: 10 Minuten

Kochzeit: 25 Minuten

Portionen: 8

Zutaten:

- 12 Unzen halbsüße Schokoladenstückchen
- 1/4 Tasse Milch
- 2 Esslöffel geschmolzene gesalzene Butter
- 16 Unzen Marshmallows
- Apfelkeile
- Graham Cracker

Wegbeschreibungen:

1. Fügen Sie Holzpellets zu Ihrem Smoker hinzu und befolgen Sie den Startvorgang Ihres Kochers. Heizen Sie Ihren Smoker bei geschlossenem Deckel vor, bis er 450 erreicht.

2.Legen Sie eine gusseiserne Pfanne auf Ihren Grill und fügen Sie die Milch und geschmolzene Butter hinzu. Eine Minute lang zusammenrühren.

3.Sobald es erhitzt ist, mit den Schokoladenstückchen beschichten und sicherstellen, dass es eine einzige Schicht bildet. Legen Sie die Marshmallows darauf, stellen Sie sie an ihr Ende und bedecken Sie die Schokolade.

4.Decken Sie es ab und lassen Sie es fünf bis sieben Minuten rauchen. Die Marshmallows sollten leicht geröstet werden.

5.Nehmen Sie die Pfanne vom Erhitzen und servieren Sie sie mit Apfelkeilen und Graham-Crackern.

Ernährung: Kalorien: 216.7 Protein: 2.7g Kohlenhydrate: 41g Fett: 4.7g

Holländisch

Frühstück

Brokkoli Chips

Zubereitungszeit: 10 Minuten

Kochzeit: 12 Minuten

Portionen: 4

Zutaten:

- Großer gehackter Brokkolikopf,
- Salz, 1 TL.
- Olivenöl, 2 EL.
- Schwarzer Pfeffer, 1 TL.

Wegbeschreibungen:

1. Stellen Sie den niederländischen Ofen auf bis zu 3600f auf.

2. Fügen Sie mit einer Schüssel die Brokkoliröschen hinzu und geben Sie sie mit Olivenöl, Salz und schwarzem Pfeffer.

3. Fügen Sie die Brokkoliröschen hinzu und kochen Sie sie für 12 Minuten, dann schütteln Sie sie nach 6 Minuten.

4.Nehmen Sie es vorsichtig aus Ihrem niederländischen Ofen und lassen Sie es abkühlen.

5. Servieren und genießen!

Ernährung: Kalorien: 120 Fett: 19g Eiweiß: 5g Kohlenhydrate: 3g

Mac und Käsebällchen

Zubereitungszeit: 20 Minuten

Kochzeit: 25 Minuten

Portionen: 6

Zutaten:

- 1/2 zerkleinerter Pfund Mozzarella
- 2 Eier
- 3 Tassen gewürzte Panko-Panko-Paniermehle
- Salz
- 2 EL. Allzweckmehl
- 1 lb. Geriebener Cheddar-Käse
- 1 lb. Ellbogen Makkaroni

- 2 Tassen erhitzte Creme
- Pfeffer
- 2 EL. Ungesalzene Butter
- 2 EL. Eierwäsche
- 1/2 lb. Zerkleinerter Parmesan

Wegbeschreibungen:

1. Bereiten Sie die Makkaroni in Bezug auf die Anweisungen auf der Verpackung vor.

2. Mit kaltem Wasser abspülen und abtropfen lassen. In eine Schüssel geben und beiseite stellen.

3. Butter in einem Topf über mittlerer Flamme schmelzen. Mehl hinzufügen und für ein paar Minuten verquirlen. Rühren Sie die erhitzte Sahne um, bis keine Klumpen mehr vorhanden sind. Dick kochen. Vom Herd nehmen. Den Käse unterrühren, bis er geschmolzen ist. Mit Salz und Pfeffer würzen.

4.Top die Käsemischung auf die gekochten Makkaroni geben. Vorsichtig falten, bis es kombiniert ist. In eine flache Pfanne geben und 2 Stunden im Kühlschrank aufbewahren.

5.Verwenden Sie Ihre Hände, um fleischbällchengroße Kugeln aus der Mischung zu formen. Ordnen Sie sie in einem mit Wachspapier ausgekleideten Tablett an. Über Nacht einfrieren.

6.Bereiten Sie die Eierwäsche vor, indem Sie 2 EL kombinieren. Von Sahne und Eiern in einer flachen Schüssel.

7.Tauchen Sie die gefrorenen Mac- und Käsebällchen in die Eierwäsche und beschichten Sie sie mit Panko-Paniermehl. Drücken Sie vorsichtig, damit die Beschichtung haftet.

8.Ordnen Sie sie im Kochkorb an. 8 Minuten bei 400 Grad kochen.

Ernährung: Kalorien: 907 Fett: 423g Kohlenhydrate: 874g Eiweiß: 499g

Ahornsirup Speck

Zubereitungszeit: 5 Minuten

Kochzeit: 10 Minuten

Portionen: 2

Zutaten:

- Ahornsirup.
- Dicke Speckscheiben, 1

Wegbeschreibungen:

1. Heizen Sie Ihren niederländischen Ofen auf 400 ° F vor.

2. Legen Sie den Speck auf die ebene Oberfläche und bürsten Sie mit dem Ahornsirup.

3. Gehen Sie in den niederländischen Ofen, um 10 Minuten zu kochen.

4. Servieren und genießen!

Ernährung: Kalorien: 91 Kohlenhydrate: 0gProtein: 8g Fett: 2g

Mittagessen

Mit Speck umwickelte Garnelen und Jalapeño

Zubereitungszeit: 20 Minuten

Kochzeit: 13 Minuten

Portionen: 8

Zutaten:

- 24 große Garnelen, geschält und entredet, ca. 3/4 Pfund (340 g)

- Fünf Esslöffel Barbecuesauce, aufgeteilt

- 12 Streifen Speck, halbiert

- 24 kleine eingelegte Jalapeño-Scheiben

Wegbeschreibungen:

1. Wirf die Garnelen und drei Esslöffel der Barbecue-Sauce zusammen. 15 Minuten stehen lassen. 24 hölzerne Zahnstocher 10 Minuten in Wasser einweichen. Wickeln Sie 1-

teiligen Speck um die Garnelen- und Jalapeño-Scheibe und befestigen Sie sie dann mit einem Zahnstocher.

2.Heizen Sie den niederländischen Ofenofen auf 350 ° F (177 ° C) vor.

3.Positionieren Sie die Garnelen im niederländischen Ofenkorb und halten Sie sie 1/2 Zoll auseinander.

4.Legen Sie den holländischen Ofenkorb auf die Backform.

5.Schieben Sie in Rack Position 2, wählen Sie Air Fry und stellen Sie die Zeit auf 10 Minuten ein.

6.Garnelen mit einer Zange umdrehen und 3 Minuten an der Luft braten, oder bis der Speck goldbraun ist und die Garnelen durchgegart sind.

7.Mit der restlichen Barbecuesauce pinseln und servieren.

Ernährung: Kalorien: 246 Protein: 14,4g Ballaststoffe: 0,6 g Nettokohlenhydrate: 2,0 g Fett: 17,9 g Natrium: 625 Mg Kohlenhydrate: 2,6 g

Panierte Artischockenherzen

Zubereitungszeit: 5 Minuten

Kochzeit: 8 Minuten

Portionen: 14

Zutaten:

- 14 ganze Artischockenherzen, verpackt in Wasser

- Ein Ei

- 1/2 Tasse Allzweckmehl

- 1/3 Tasse Panko-Brotkrümel

- Ein Teelöffel italienisches Gewürz

Wegbeschreibungen:

1. Den niederländischen Ofenofen auf 380 ° F (193 ° C) vorheizen

2. Drücken Sie überschüssiges Wasser aus den Artischockenherzen und legen Sie sie zum Trocknen auf Papiertücher.

3. In einer kleinen Schüssel das Ei schlagen.

4. In eine weitere kleine Schüssel, das Mehl stellen.

5. In eine dritte kleine Schüssel, die Semmelbrösel und das italienische Gewürz vermischen und umrühren.

6. Spritzen Sie den niederländischen Ofenkorb mit Hilfe von Kochspray.

7. Die Artischockenherzen in das Mehl, dann das Ei und dann die Brotkrumenmischung tränkt.

8. Legen Sie die panierten Artischockenherzen in den holländischen Ofenkorb. Besprühen Sie sie mit Kochspray.

9. Legen Sie den holländischen Ofenkorb auf die Backform.

10. Schieben Sie in Rack Position 2, wählen Sie Air Fry und stellen Sie die Zeit auf 8 Minuten ein. Sie können warten, bis die Artischockenherzen gebräunt und knusprig sind. Einmal zur Hälfte der Kochzeit umdrehen.

11. Vor dem Servieren 5 Minuten abkühlen lassen.

Ernährung: Kalorien: 149 Fett: 1g Kohlenhydrate: 5g Eiweiß: 30g

Abendessen

Einfacher Rinderfiletbraten

Zubereitungszeit: 10 Minuten

Kochzeit: 50 Minuten

Portionen: 8

Zutaten:

- 2 1/2 Pfund Lendenbraten
- Salz und gemahlener schwarzer Pfeffer, je nach Bedarf

Wegbeschreibungen:

1. Reiben Sie den Braten mit Salz und schwarzem Pfeffer großzügig ein.

2.Führen Sie den Rotisseriestab durch den Braten ein.

3.Setzen Sie die Rotisserie-Gabeln ein, eine auf der Seite jeder Rute, um die Rute am Huhn zu befestige.

4.Wählen Sie "Roast" und stellen Sie dann die Temperatur auf 350 Grad F ein.

5.Stellen Sie den Timer auf 50 Minuten ein und drücken Sie "Start".

6.Wenn auf dem Display "Essen hinzufügen" angezeigt wird, drücken Sie den roten Hebel nach unten.

7.Wiegt die linke Seite der Stange in den Vortex.

8.Drehen Sie nun die linke Seite der Stange in die Nut entlang der Metallstange, damit sie sich nicht bewegt.

9.Schließen Sie dann die Tür und tippen Sie auf "Drehen". Drücken Sie den roten Hebel, um die Stange zu lösen, wenn die Garzeit abgeschlossen ist.

10.Aus dem Vortex entfernen.

11.Den Braten vor dem Schneiden ca. 10 Minuten auf eine Platte geben.

12. Mit einem scharfen Messer den Braten in die gewünschte Größe schneiden und servieren.

Ernährung: Kalorien 201 Fett 8,8 g Kohlenhydrate 0 g Eiweiß 28,9 g

Einfache Rindfleisch-Patties

Zubereitungszeit: 10 Minuten

Kochzeit: 13 Minuten

Portionen: 4

Zutaten:

- 1 lb. Rinderhackfleisch
- 1/2 TL Knoblauchpulver
- 1/4 TL Zwiebelpulver
- Pfeffer
- Salz

Wegbeschreibungen:

1.Heizen Sie den Instant Vortex Dutch Oven Oven auf 400 F vor.

2.Hackfleisch, Knoblauchpulver, Zwiebelpulver, Pfeffer und Salz in die Rührschüssel geben und gut vermischen.

3.Machen Sie gleichmäßige Bratlinge aus Fleischmischung und arrangieren Sie auf holländischer Ofenpfanne.

4.Legen Sie die Pfanne in den Instant Vortex Dutch Oven Ofen.

5.Bratlinge 10 Minuten kochen Bratlinge nach 5 Minuten umdrehen

6. Servieren und genießen.

Ernährung: Kalorien 212 Fett 7,1 g Kohlenhydrate 0,4 g Eiweiß 34,5 g

Gewürzter Rinderbraten

Zubereitungszeit: 10 Minuten

Kochzeit: 45 Minuten

Portionen: 10

Zutaten:

- 3 Pfund Rinderbraten

- Ein Esslöffel Olivenöl

- Zwei Esslöffel Montreal Steak Gewürz

Wegbeschreibungen:

1.Den Braten mit Öl beschichten und dann großzügig mit dem Gewürz einreiben.

2.Mit Küchengarnen binden Sie den Braten, um ihn kompakt zu halten. Den Braten auf dem Kochtablett anrichten.

3.Wählen Sie "Air Fry" und ändern Sie dann die Temperatur auf 360 Grad F. Stellen Sie den Timer für 45 Minuten ein und drücken Sie den "Start".

4.Wenn auf dem Display "Essen hinzufügen" angezeigt wird, legen Sie die Kochschale in die mittlere Position ein.

5.Wenn auf dem Display "Turn Food" angezeigt wird, tun Sie nichts.

6.Wenn die Kochzeit abgeschlossen ist, nehmen Sie das Tablett von Vortex weg.

7.Den Braten vor dem Schneiden ca. 10 Minuten auf eine Platte geben.

8.Mit einem scharfen Messer den Braten in die gewünschten Scheiben schneiden und servieren.

Ernährung: Kalorien 269 Fett 9,9 g Kohlenhydrate 0 g Ballaststoffe 0 g

Snacks

Süßkartoffel Tater Tots

Zubereitungszeit: 10 Minuten

Kochzeit: 23 Minuten

Portionen: 4

Zutaten:

- 2 Süßkartoffeln, geschält
- 1/2 TL. Cajun Gewürz
- Olivenöl Kochspray

- Meersalz nach Geschmack

Wegbeschreibungen:

1.Kochen Sie Süßkartoffeln in Wasser für 15 Minuten bei mittlerer bis hoher Hitze.

2.Die Süßkartoffeln abtropfen lassen und abkühlen lassen.

3.Die gekochten Süßkartoffeln schälen und in die Schüssel geben.

4.Kartoffeln zerdrücken und Salz und Cajun-Gewürz unterrühren. Gut mischen und kleine Tater Tots daraus machen.

5.Legen Sie die Tater Tots in den niederländischen Ofenkorb und besprühen Sie sie mit Speiseöl. Stellen Sie den Dutch Oven Basket in den Dutch Oven Toaster und schließen Sie den Deckel. Wählen Sie den Air Fry-Modus bei einer Temperatur von 400 ° F für 8 Minuten. Drehen Sie die Tater Tots um und kochen Sie weitere 8 Minuten weiter.

6.Frisch servieren.

Ernährung: Kalorien: 184 Cal Protein: 9 g Kohlenhydrate: 43 g Fett: 17 g

Desserts

Garnelen Speck Bisse

Zubereitungszeit: 8 bis 10 Minuten

Kochzeit: 8 Minuten

Portionen: 8 bis 10

Zutaten:

- 1/2 Teelöffel rote Paprikaflocken, zerkleinert

- 1 Esslöffel Salz

- 1 Teelöffel Chilipulver

- 1 1/4 Pfund Garnelen, geschält und entredet

- 1 Teelöffel Paprika

- 1/2 Teelöffel schwarzer Pfeffer, gemahlen

- 1 Esslöffel Schalottenpulver

- 1/4 Teelöffel Kreuzkümmelpulver

- 1 1/4 Pfund dünne Speckscheiben

Wegbeschreibungen:

1.Stellen Sie Ihren niederländischen Ofen auf eine flache Küchenoberfläche; Schließen Sie es an und schalten Sie es ein. Stellen Sie die Temperatur auf 360 Grad F ein und lassen Sie es für 4-5 Minuten vorheizen.

2.Nehmen Sie den Luftbratenkorb heraus und beschichten Sie ihn vorsichtig mit einem Speiseöl oder Spray.

3.In einer mittelgroßen Schüssel die Garnelen gründlich mischen und würzen, bis sie gut beschichtet sind.

4.Wickeln Sie nun eine Scheibe Speck um die Garnelen; Mit einem Zahnstocher sichern und 30 Minuten im Kühlschrank aufbewahren.

5.Die Garnelen in den Korb geben. Schieben Sie den Luftbrutkorb in die Luftfritteuse. 8 Minuten kochen lassen.

6.Schieben Sie den Korb heraus; servieren mit Cocktailsticks oder Dip Ihrer Wahl (optional).

Ernährung: Kalorien – 374 Fett – 28,2g Kohlenhydrate – 2g Ballaststoffe – 0g Protein – 34,3g

Gesunde Blaubeermuffins

Zubereitungszeit: 10 Minuten

Kochzeit: 10 Minuten

Portionen: 8 bis 10

Zutaten:

- 2 Teelöffel Vanilleextrakt
- 1 Tasse Blaubeeren

- 1/2 Teelöffel Salz
- 1 Tasse Joghurt
- 1 1/2 Tassen Kuchenmehl
- 1/2 Tasse Zucker
- 2 Teelöffel Backpulver
- 1/3 Tasse Pflanzenöl
- 1 Ei

Wegbeschreibungen:

1. Stellen Sie Ihren niederländischen Ofen auf eine flache Küchenoberfläche; Schließen Sie es an und schalten Sie es ein. Stellen Sie die Temperatur auf 355 Grad F ein und lassen Sie es für 4-5 Minuten vorheizen.

2. Nehmen Sie 10 Muffinformen und beschichten Sie sie vorsichtig mit einem Speiseöl oder Spray.

3. In einer mittelgroßen Schüssel Mehl, Zucker, Backpulver und Salz gründlich mischen.

4. In einer mittelgroßen Schüssel Joghurt, Öl, Ei und Vanilleextrakt gründlich mischen. Mischen Sie beide

Schüsselmischungen. Fügen Sie die Schokoladenstückchen hinzu.

5. Fügen Sie die Mischung gleichmäßig in vorbereitete Muffinformen hinzu.

6. Fügen Sie die Formen in den Korb hinzu. Schieben Sie den Luftbrutkorb in die Luftfritteuse. 10 Minuten kochen lassen.

7. Schieben Sie den Korb heraus; warm servieren!

Ernährung: Kalorien - 214 Fett – 8g Kohlenhydrate – 32g Ballaststoffe – 1g Protein – 4g

Gusseisen

Frühstück

Geröstetes Wurzelgemüse

Zubereitungszeit: 15 Minuten

Kochzeit: 45 Minuten

Portionen: 6

Zutaten:

- 1 große rote Zwiebel, geschält

- 1 Bund rote Rüben, beschnitten, geschält
- 1 große Yamswurzel, geschält
- 1 Bund goldener Rüben, beschnitten, geschält
- 1 große Pastinaken, geschält
- 1 Butternusskürbis, geschält
- 1 große Karotte, geschält
- 6 Knoblauchzehen, geschält
- 3 Esslöffel Thymianblätter
- Salz nach Bedarf
- 1 Zimtstange
- Gemahlener schwarzer Pfeffer nach Bedarf
- 3 Esslöffel Olivenöl
- 2 Esslöffel Honig

Wegbeschreibungen:

1.Schalten Sie den Pelletgrill ein, füllen Sie den Grilltrichter mit Hickory-Holzpellets, schalten Sie den Grill mit dem Bedienfeld ein, wählen Sie "Rauch" auf dem Temperaturregler oder stellen Sie die Temperatur auf 450 Grad F ein und lassen Sie ihn mindestens 15 Minuten vorheizen.

2. In der Zwischenzeit das gesamte Gemüse in 1/2-Zoll-Stücke schneiden, in eine große Schüssel geben, Knoblauch, Thymian und Zimt hinzufügen, mit Öl beträufeln und bis zum Mischen geben.

3. Nehmen Sie ein großes Keksblatt, legen Sie es mit Folie aus, verteilen Sie es mit Gemüse und würzen Sie es dann mit Salz und schwarzem Pfeffer.

4. Wenn der Grill vorgeheizt ist, öffnen Sie den Deckel, legen Sie das vorbereitete Keksblatt auf den Grillrost, schließen Sie den Grill und räuchern Sie ihn 45 Minuten lang, bis er zart ist.

5. Wenn Sie fertig sind, geben Sie Gemüse in ein Gericht, beträufeln Sie es mit Honig und servieren Sie es dann.

Ernährung: Kalorien: 164 Cal Fett: 4 g Kohlenhydrate: 31,7 g Eiweiß: 2,7 g Ballaststoffe: 6,4 g

Gemüsespieße

Zubereitungszeit: 10 Minuten

Kochzeit: 20 Minuten

Portionen: 4

Zutaten:

- 2 Tassen ganze weiße Pilze

- 2 große gelbe Kürbisse, geschält, gehackt

- 1 Tasse gehackte Ananas

- 1 Tasse gehackte rote Paprika

- 1 Tasse halbierte Erdbeeren

- 2 große Zucchini, gehackt

Für das Dressing:

- 2 Zitronen, entsaftet

- 1/2 Teelöffel gemahlener schwarzer Pfeffer

- 1/2 Teelöffel Meersalz

- 1 Teelöffel rotes Chilipulver

- 1 Esslöffel Ahornsirup

- 1 Esslöffel Orangenschale

- 2 Esslöffel Apfelessig
- 1/4 Tasse Olivenöl

Wegbeschreibungen:

1. Schalten Sie den Pelletgrill ein, füllen Sie den Grilltrichter mit aromatisierten Holzpellets, schalten Sie den Grill über das Bedienfeld ein, wählen Sie "Rauch" auf dem Temperaturregler oder stellen Sie die Temperatur auf 450 Grad F ein und lassen Sie ihn mindestens 5 Minuten vorheizen.

2. In der Zwischenzeit zubereitetes Fadengemüse und Obst abwechselnd auf Spießen und dann Spieße mit Öl bürsten.

3. Wenn der Grill vorgeheizt ist, öffnen Sie den Deckel, legen Sie Gemüsespieße auf den Grillrost, schließen Sie den Grill und räuchern Sie ihn 20 Minuten lang, bis er zart und leicht verkohlt ist.

4. In der Zwischenzeit bereiten Sie das Dressing vor und nehmen Sie dafür eine kleine Schüssel, legen Sie alle Zutaten hinein und verquirlen Sie es, bis es kombiniert ist.

5.Wenn Sie fertig sind, geben Sie die Spieße in ein Gericht, geben Sie es mit dem vorbereiteten Dressing und servieren Sie es dann.

Ernährung: Kalorien: 130 Kalorien Fett: 2 g Kohlenhydrate: 20 g Eiweiß: 2 g Ballaststoffe: 0,3 g Gemüse Rezepte

Mittagessen

Geräucherte ganze Ente

Zubereitungszeit: 15 Minuten

Kochzeit: 2 Stunden 30 Minuten

Portionen: 4

Zutaten:

- 2 Esslöffel Backpulver

- 1 Esslöffel chinesische fünf Gewürze

- 1 Aufgetaute Ente

- 1 Granny Smith entkernter und gewürfelter Apfel

- 1 geviertelte Orange in Scheiben geschnitten

- 2 Esslöffel Hähnchenwürz, geteilt

Wegbeschreibungen:

1. Beginnen Sie, indem Sie die Ente unter kaltem fließendem Wasser von innen und außen waschen; dann das Fleisch mit sauberen Papiertüchern trocken tupfen

2. Kombinieren Sie das Hähnchengewürz und das chinesische Fünf-Gewürz; dann mit dem Backpulver für extra knusprige Haut kombinieren

3. Die Ente von innen und außen würzen

4. Stecken Sie den Apfel und die Orangen- und Apfelscheiben in den Hohlraum.

5. Drehen Sie Ihren Holzpellet Smoker Grill zum Rauchmodell; dann lassen Sie das Feuer fangen und stellen Sie es auf etwa 300 ° F, um es vorzuwärmen

6. Legen Sie die Ente auf den Grillrost oder in eine Pfanne. Braten Sie für ca. 2 1/2 Stunden bei einer Temperatur von ca. 160 ° F

7. Legen Sie die Folie locker auf die Ente und lassen Sie sie etwa 15 Minuten ruhen.

8. Servieren und genießen Sie Ihr köstliches Gericht!

Ernährung: Menge pro 184 g= 1 Portion(en)Energie (Kalorien): 310 kcal Eiweiß: 23,8 g Fett: 20,62 g Kohlenhydrate: 5,92 g

Geräuchertes Wild

Zubereitungszeit: 10 Minuten

Kochzeit: 2 Stunden

Portionen: 4

Zutaten

- 1 pfund Wildfilet

- 1/4 Tasse Zitronensaft

- 1/4 Tasse Olivenöl

- 5 gehackte Knoblauchzehen

- 1 TL Salz

- 1 TL gemahlener schwarzer Pfeffer

Wegbeschreibungen:

1. Beginnen Sie, indem Sie das ganze Wildfilet in einen Reißverschlussbeutel oder eine große Schüssel geben.

2. Fügen Sie den Zitronensaft, das Olivenöl, den Knoblauch, das Salz und den Pfeffer in eine Küchenmaschine

3. Verarbeiten Sie Ihre Zutaten, bis sie sehr gut eingearbeitet sind

4.Gießen Sie die Marinade auf das Wild; dann sehr gut einmassieren

5.Kühlen und ca. 4 Stunden oder über Nacht marinieren lassen

6.Wenn Sie bereit zum Kochen sind, entfernen Sie einfach das Wild Ihrer Marinade und spülen Sie es sehr gut ab.

7.Tupfen Sie das Fleisch trocken und lassen Sie es vor dem Kochen ca. 30 Minuten auf Raumtemperatur kommen

8.In der Zwischenzeit Ihren Raucher auf eine Temperatur von etwa 225 ° F vorheizen

9.Rauchen Sie das Filet für ca. 2 Stunden

10.Lassen Sie das Fleisch etwa 10 Minuten ruhen, bevor Sie es in Schneide schneiden

11.Top mit schwarzem Pfeffer; dann servieren und genießen Sie Ihr Gericht!

Ernährung: Menge pro 159 g= 1 Portion(en) Energie (Kalorien): 302 kcal Protein: 34,42 g Fett: 16,24 g Kohlenhydrate: 3,36 g

Abendessen

Gebackenes Maisbrot mit Honigbutter

Zubereitungszeit: 10 Minuten

Kochzeit: 35 bis 45 Minuten

Portionen 6

Zutaten:

- 4 Ähren Vollkorn

- 1 Tasse Allzweckmehl

- 1 Tasse Maismehl

- 2/3 Tasse Weißzucker

- 11/2 Teelöffel Backpulver

- 1/2 Teelöffel Backpulver

- 1/2 Teelöffel Salz

- 1 Tasse Buttermilch

- 1/2 Tasse Butter, weich

- 2 Eier

- 1/2 Tasse Butter, weich

- 1/4 Tasse Honig

Wegbeschreibungen:

1.Wenn Sie bereit zum Kochen sind, stellen Sie die Traeger-Temperatur auf Hoch und heizen Sie den Deckel für 15 Minuten vor.

2.Schälen Sie die äußere Schicht der Maisschale zurück und halten Sie sie am Kolben befestigt. Entfernen Sie die Seide aus dem Mais und legen Sie die Schale wieder an ihren Platz. Den Mais 10 Minuten in kaltem Wasser einweichen.

3.Legen Sie den Mais direkt auf den Grillrost und kochen Sie für 15 bis 20 Minuten, oder bis die Kerne zart sind, gelegentlich unter Rühren. Vom Grill nehmen und beiseite stellen.

4.In einer großen Schüssel Mehl, Maismehl, Zucker, Backpulver, Backpulver und Salz zusammenrühren.

5.In einer separaten Schüssel Buttermilch, Butter und Eier verquirlen. Gießen Sie die nasse Mischung in die Maismehlmischung und falten Sie sie zusammen, bis keine trockenen Stellen vorhanden sind. Den Teig in eine gefettete Auflaufform geben.

6.Schneiden Sie die Kerne aus dem Mais und streuen Sie sie über die Oberseite des Teigs, wobei Sie die Kerne mit einem Löffel nach unten drücken, um sie unterzutauchen.

7.Drehen Sie die Traeger-Temperatur auf 350 F (177 C). Stellen Sie die Auflaufform auf den Grill. Backen Sie für etwa 20 bis 25 Minuten, oder bis die Oberseite goldbraun ist und ein Zahnstocher in die Mitte des Maisbrots eingeführt wird, sauber herauskommt.

8.Nehmen Sie das Maisbrot vom Grill und lassen Sie es vor dem Servieren 10 Minuten abkühlen.

9.To die Honigbutter herstellen, butter und honig vermischen. Das Maisbrot mit der Honigbutter servieren.

Ernährung: Kalorien: 82 Kohlenhydrate: 22g Fett: 0g Eiweiß: 2g

Schnelle Hefe-Dinner-Brötchen

Zubereitungszeit: 5 Minuten

Kochzeit: 30 Minuten

Portionen 8

Zutaten:

- 2 Esslöffel Hefe, schneller Anstieg

- 1 Tasse Wasser, lauwarm

- 3 Tassen Mehl

- 1/4 Tasse Zucker

- 1 Teelöffel Salz

- 1/4 Tasse ungesalzene Butter, weich

- 1 Ei

- Kochspray, je nach Bedarf

- 1 Ei, zur Eiwäsche

Wegbeschreibungen:

1.Kombinieren Sie die Hefe und warmes Wasser in einer kleinen Schüssel, um die Hefe zu aktivieren. Etwa 5 bis 10 Minuten einwirken lassen oder schaumig sein.

2.Kombinieren Sie das Mehl, den Zucker und das Salz in der Schüssel eines Standmixers, der mit dem Knethaken ausgestattet ist. Gießen Sie das Wasser und die Hefe in die trockenen Zutaten, wobei die Maschine mit niedriger Geschwindigkeit läuft.

3.Fügen Sie die Butter und das Ei hinzu und mischen Sie für 10 Minuten, wobei Sie die Geschwindigkeit allmählich von niedrig nach hoch erhöhen.

4.Den Teig zu einer Kugel formen und in eine buttergebratene Schüssel geben. Mit einem Tuch abdecken und den Teig ca. 40 Minuten aufgehen lassen.

5.Den aufgegangenen Teig auf eine leicht bemehlte Arbeitsfläche geben und in 8 Stücke teilen, wobei jeweils eine Kugel entsteht.

6.Spritzen Sie leicht eine gusseiserne Pfanne mit Kochspray und ordnen Sie die Kugeln in der Pfanne an. Mit einem Tuch abdecken und 20 Minuten gehen lassen.

7.Wenn Sie bereit zum Kochen sind, stellen Sie die Traeger-Temperatur auf 375 F (191 C) ein und heizen Sie ihn vor, den Deckel für 15 Minuten geschlossen.

8.Bürsten Sie die Brötchen mit der Eierwäsche. Die Pfanne auf den Grill stellen und 30 Minuten backen oder leicht gebräunt.

9.Vom Grill nehmen. Heiß servieren.

Ernährung: Kalorien: 390 Kohlenhydrate: 8g Fett: 31g Eiweiß: 20g

Snacks

Gegrillter Rosenkohl

Zubereitungszeit: 15 Minuten

Kochzeit: 20 Minuten

Portionen: 8

Zutaten

- 1/2 lb. Speck, Fett vorbehalten

- 1 lb. Rosenkohl

- 1/2 EL Pfeffer

- 1/2 EL Salz

Wegbeschreibungen:

1. Speck knusprig auf einem Herd kochen, fett reservieren und dann in kleine Stücke schneiden.

2. In der Zwischenzeit den Rosenkohl waschen, das trockene Ende abschneiden und getrocknete Blätter entfernen, falls vorhanden. Halbieren Sie sie und legen Sie sie beiseite.

3. 1/4 Tasse reserviertes Fett in eine Pfanne, gusseisern, bei mittlerer bis hoher Hitze geben.

4. Den Rosenkohl mit Pfeffer und Salz würzen.

5. Die Sprossen auf der Pfanne mit der Schnittseite nach unten für ca. 3-4 Minuten anbraten.

6. In der Zwischenzeit Ihren Pelletgrill auf 350-375oF vorheizen.

7. Geben Sie Speckstücke und gebräunte Sprossen in Ihre grillsichere Pfanne.

8. Kochen Sie für ca. 20 Minuten.

9. Sofort servieren.

Ernährung: Kalorien 153, Gesamtfett 10g, Gesättigte Fettsäuren 3g, Gesamtkohlenhydrate 5g, Nettokohlenhydrate 3g, Protein 11g, Zucker 1g, Ballaststoffe 2g, Natrium 622mg, Kalium 497mg

Holzpellet Würziges Brisket

Zubereitungszeit: 20 Minuten

Kochzeit: 9 Stunden

Portionen: 10

Zutaten

- 2 EL Knoblauchpulver

- 2 EL Zwiebelpulver

- 2 EL Paprika

- 2 EL Chilipulver

- 1/3 Tasse Salz

- 1/3 Tasse schwarzer Pfeffer

- 12 lb. Ganze Packer Brisket, beschnitten

- 1-1/2 Tasse Rinderbrühe

Wegbeschreibungen:

1. Stellen Sie Ihre Holzpellettemperatur auf 225 ° F ein. Bei geschlossenem Deckel 15 Minuten vorheizen lassen.

2. In der Zwischenzeit Knoblauch, Zwiebeln, Paprika, Chili, Salz und Pfeffer in einer Rührschüssel mischen.

3. das Brisket großzügig auf allen Seiten.

4.Legen Sie das Fleisch mit der Fettseite nach unten auf den Grill und lassen Sie es abkühlen, bis die Innentemperatur 160 ° F erreicht.

5.Nehmen Sie das Fleisch vom Grill und wickeln Sie es doppelt mit Folie ein. Bringen Sie es auf den Grill zurück und kochen Sie, bis die Innentemperatur 204 ° F erreicht.

6.Vom Grill nehmen, das Brisket auspacken und 15 Minuten ruhen lassen.

7.In Scheiben schneiden und servieren.

Ernährung: Kalorien 270, Gesamtfett 20g, Gesättigte Fettsäuren 8g, Gesamtkohlenhydrate 3g, Nettokohlenhydrate 3g, Protein 20g, Zucker 1g, Ballaststoffe 0g, Natrium: 1220mg

Desserts

Frittierte Garnelen

Zubereitungszeit: 20 Minuten

Kochzeit: 15 Minuten

Portionen: 6

Zutaten:

- 12 Garnelen
- Zwei Eier
- Mehl nach Geschmack
- Paniermehl
- 1 TL Öl

Wegbeschreibungen:

1. Entfernen Sie den Kopf der Garnelen und die Schale vorsichtig.

2. Geben Sie die Garnelen zuerst in das Mehl, dann in das geschlagene Ei und dann in die Semmelbrösel.

3. Das Gusseisen für 1 Minute bei 1500C vorheizen.

4.Fügen Sie die Garnelen hinzu und kochen Sie für 4 Minuten. Wenn die Garnelen groß sind, müssen sechs auf einmal gekocht werden.

5.Drehen Sie die Garnelen und kochen Sie weitere 4 Minuten.

6. Sie sollten mit einer Joghurt- oder Mayonnaisesauce serviert werden.

Ernährung: Kalorien 2385.1 Fett 23 Kohlenhydrate 52.3g Zucker 0.1g Protein 21.4g

CPSIA information can be obtained
at www.ICGtesting.com
Printed in the USA
BVHW051358050821
613734BV00003B/82

9 781802 973051